Contraste insuffisant
NF Z 43-120-14

Illisibilité partielle

Valable pour tout ou partie
du document reproduit

Original en couleur

NF Z 43-120-8

1895

UN CAPITAINE DE ROUTIERS

SOUS CHARLES VII

JEAN DE LA ROCHE

PAR

Gve CLÉMENT-SIMON

Extrait de la *Revue des questions historiques*. — Juillet 1895

PARIS
BUREAUX DE LA REVUE
5, RUE SAINT-SIMON, 5

1895

UN CAPITAINE DE ROUTIERS SOUS CHARLES VII

JEAN DE LA ROCHE

Les chroniques et mémoires du règne de Charles VII mentionnent fréquemment le capitaine Jean de la Roche. Il est nommé tantôt sans aucune qualification, tantôt avec des qualifications diverses suivant la période de sa vie; parfois même il est désigné simplement sous l'appellation de seigneur de la Roche, qui était commune à beaucoup d'autres capitaines ses contemporains [1]. Son identité n'est pas toujours facile à reconnaître. Les faits qui le concernent, épars dans les recueils manuscrits ou imprimés, n'ont pas été groupés de manière à donner une vue d'ensemble sur la part qu'il a prise aux événements de son temps. Ce n'est pas une personnalité de premier rang, mais elle a eu un rôle de quelque importance dans la grande lutte pour l'indépendance française, elle prendra d'ailleurs un peu plus de relief à l'aide de renseignements inédits qui ont été ignorés ou négligés par les historiens. Tout ce qui touche aux péripéties de cette dramatique époque, qui a suscité de si remarquables travaux, mérite d'être connu.

L'action militaire de Jean de la Roche, qui fut quelques années sénéchal de Poitou, s'est exercée principalement dans cette province, en Limousin, en Périgord, en Saintonge. Son influence dans ces régions s'explique par ses origines de famille. Il y a

---

[1] Parmi ceux qui ont eu le plus de notoriété, nous rappelons : le seigneur de la Roche, Bourguignon, qui suivit le connétable de Richemont dans l'entreprise sur Saint-Denis et Paris, en 1436; le seigneur de la Roche, du Vivarais, chambellan du roi; le seigneur de la Roche, du Velay, fait chevalier par Charles, dauphin, au Puy, en 1420. V. Chronique de Monstrelet, éd. du *Panthéon littéraire*, p. 727; *Histoire de Languedoc*, par D. Vaissette, t. IV, p. 453, 474 et suiv.

lieu de les indiquer avec précision, ce qui n'a pas été fait jusqu'à présent.

Il est qualifié ordinairement seigneur de Barbezieux [1], parfois en outre seigneur de Verteuil [2], ou enfin seigneur de Mussidan [3]. En recherchant dans quelle maison se trouvaient alors ces trois terres, on constate que Jean de la Roche était en son nom patronymique La Rochefoucauld, chef de nom et d'armes d'une branche de cette illustre famille. L'annaliste Belleforest remarque qu'au xve siècle les auteurs (notamment Alain Chartier) appellent « nuement » de la Roche « ceux que nous nommons ores de la Rochefoucauld [4]. » Jean de la Roche, sénéchal de Poitou, figure du reste dans les généalogies de la Rochefoucauld, première branche de Verteuil et de Barbezieux, remontant à Geoffroi Ier de la Rochefoucauld, seigneur de Verteuil, décédé avant 1329, fils puîné d'Aymeri II, seigneur de la Rochefoucauld, et de Dauphine de la Tour. Toutefois cette partie de la généalogie nous paraît contenir une erreur en ce qu'elle fait deux personnages distincts de Jean, sénéchal de Poitou, et d'autre Jean, seigneur de Barbezieux, Verteuil, Mussidan, etc., capitaine de routiers. Ce dernier serait le neveu du sénéchal [5].

---

[1] *Table des manuscrits de D. Fonteneau,* p. 332, 333. Poitiers, 1839; *Annales* de Belleforest, t. II, f. 1102, 1114 ; éd. de 1600.
[2] *Histoire du Poitou,* par Thibaudeau, éd. de Sainte-Hermine, t. III, p. 549. Niort, 1840.
[3] *Histoire du Périgord,* par Dessalles, t. II, p. 432 (d'après une pièce des Archives nationales). Libourne, 1886.
[4] *Annales,* II, 1129.
[5] Le P. Anselme, Moréri, La Chesnaye des Bois. D'après ces auteurs :
Geoffroi III de la Rochefoucauld, seigneur de Verteuil, vivant de 1373 à 1412, qu'on croit avoir épousé Agnès, dame de Barbezieux, eut trois fils :
1° Raymond, seigneur de Verteuil, mort en 1414, sans enfants ;
2° Jean, sénéchal de Poitou, décédé aussi sans postérité ;
3° Guy, seigneur de Barbezieux, qui continua la filiation.
Guy de la Rochefoucauld, seigneur de Barbezieux et de Verteuil, vivant de 1378 à 1432, eut pour première femme Rosine de Montaut, dame de Mussidan. De ce mariage :
1° Mondon, vivant en 1414, mort avant son père ;
2° Jean, seigneur de Barbezieux, Verteuil, Mussidan, etc., qui suit :
Jean de la Rochefoucauld, seigneur de Barbezieux, Verteuil, Mussidan, Blénac, etc., rendit de grands services au roi Charles VII dans ses guerres contre les Anglais, et particulièrement à la défense de la ville de Bourg, obtint rémission, le 9 avril 1431, de tous les excès qu'il avait commis pendant les guerres, et fit son testament le 14 avril 1430. De sa femme, Jeanne Sanglier, il eut un fils, mort jeune, et une fille, Marguerite, héritière des seigneuries de Barbezieux, Verteuil, etc., qui épousa Jean de la Rochefoucauld, son parent. (François de la Rochefoucauld, l'auteur des Maximes, fut leur arrière-petit-fils.) V. *His-*

Les historiens du temps ne font pas cette distinction. Pour notre part, nos recherches nous permettent de suivre, sur le même théâtre, de 1426 à 1440, date de sa mort, un capitaine du nom de Jean de la Roche que nous voyons successivement chef de routiers, commettant de nombreux excès, servant ensuite Charles VII, gracié par lui et nommé sénéchal de Poitou, en cette qualité guerroyant tantôt pour son profit personnel, tantôt pour la cause royale, finalement conspirant contre le roi, destitué de sa charge et mourant bientôt après. Nous estimons que cet ensemble de faits s'applique à un même individu et ne saurait être réparti sur deux têtes [1].

Un tel caractère n'est pas rare parmi les hommes de guerre du xv° siècle. Abandonnés à leurs propres ressources, obligés de pourvoir par eux-mêmes aux besoins de soldats mercenaires, ils n'avaient d'autre mobile que l'ambition ou le lucre, bataillaient pour le butin, vendaient leur concours au plus offrant ; leurs variations étaient dictées par leur intérêt prochain qu'ils poursuivaient avec l'âpreté et la cruauté de mœurs de cette terrible époque. Les plus célèbres furent les plus avides et les plus inhumains : il ne faut pas les juger avec les idées de notre civilisation, et il y a lieu de se souvenir qu'ils sauvèrent la nationalité française.

Le chroniqueur Olivier de la Marche, en rappelant le désarroi, l'anarchie qui leur laissait toute licence, porte une juste appréciation de leurs crimes et de leurs services. « Tout le tournoiement du royaulme de France estoit plein de places et de forteresses, vivans de rapine et de proie ; et par le millieu du royaulme et des païs voisins s'assemblèrent toutes manières de gens de compaignie que l'on nommoit escorcheurs, et chevaulchoient, et alloient de pays en pays, de marche en marche,

---

toire des grands officiers de la Couronne, t. IV, p. 448. — Mais tout ce qui est dit ici de Jean de la Rochefoucauld, époux de Jeanne Sanglier, se rapporte, comme on le verra, au sénéchal de Poitou.

[1] André du Chesne, dans son *Histoire de la maison de Châtillon*, p. 512 (Paris, 1621), ne traite la question qu'incidemment, mais n'est pas tombé dans la même erreur que les autres généalogistes. Jeanne Sanglier, dit-il, fut mariée deux fois, la première, à Jean de la Rochefoucauld, chevalier, seigneur de Barbezieux et de Blégnac, sénéchal de Poitou, fils aîné de Guy de la Rochefouchauld et de Renée [*al*. Rosine] de Montaut. — Il est clair, d'ailleurs, que la terre de Mussidan ayant été apportée en dot par Rosine de Montaut, le sénéchal de Poitou, seigneur de Mussidan, était bien son fils et non son beau-frère.

quérans victuailles et aventures pour vivre et pour gaigner, sans regarder, ne espargner les pays du Roy de France.... Et furent les cappitaines principaulx le bastard de Bourbon, Brusac Jeofroit de Sainct-Belin, Lestrac, le bastard d'Armignac, Rodrigues de Villandras, Pierre Regnault, Regnault Guillaume et Anthoine de Chabannes, conte de Dompmartin [1]. Et combien que Poton de Saintrailles et La Hire fussent deux des principaulx et des plus renommez cappitaines du party des François, toutesfois ils furent de ce pillaige et de celle escorcherie ; mais ilz combatoient les ennemis du royaulme et tenoient les frontières aux Angloix, à l'honneur et recommandacion d'eulx et de leurs renommées [2]. » Ce que le chroniqueur bourguignon dit de Saintrailles et de La Hire, on peut le dire aussi de Jean de la Roche. Olivier de la Marche ne le nomme pas parmi les principaux écorcheurs, c'est sans doute que ses exploits contre les Anglais firent oublier ses débuts [3].

Jean de la Roche apparaît comme capitaine de routiers au commencement du règne de Charles VII. Son nom se rencontre pour la première fois dans un acte inédit qui fait partie de mes archives. Le Bas-Limousin, nominalement sous l'obéissance du jeune roi, était en proie aux bandes anglaises ou aux compagnies de routiers, écorcheurs, retondeurs plus redoutés encore que l'ennemi héréditaire. En l'année 1426, cette province fut en outre troublée par une querelle à main armée concernant la vicomté de Turenne. La branche aînée des vicomtes venait de s'éteindre. Pierre de Beaufort, cousin germain de la dernière vicomtesse Éléonore de Beaufort, comtesse de Beaujeu, était son héritier testamentaire, mais ne jouissait pas paisiblement de la succession. Pierre de Beaufort tenait pour le roi de France [4].

---

[1] « Adieu, capitaine des écorcheurs, » dit un jour Charles VII à Antoine de Chabannes, qui lui demandait congé. — « Sire, répondit celui-ci, je n'ay escorché que vos ennemis, et me semble que leurs peaux vous feront plus de prouffit qu'à moi. » *La Cronique martinienne*, f. ccLxxv; Beaucourt, *Histoire de Charles VII*, t. III, p. 118.

[2] Chronique d'Olivier de la Marche, l. I, ch. IV, éd. d'Arbaumont, t. I, p. 243.

[3] J. Quicherat assimile Jean de la Roche à Rodrigue de Villandrado, dont il a, il est vrai, tenté la réhabilitation. *Rodrigue de Villandrado*, p. 115 (Paris, 1879).

[4] Pierre de Beaufort, né peu avant 1400, mort en 1444. Comme la plupart des seigneurs limousins, les d'Aubusson, les des Cars, les Comborn, les Ventadour, les Pompadour, les Maumont, il s'était rangé à Charles VII lorsqu'il n'était encore que régent.

Parmi ses compétiteurs à la vicomté, il avait eu son frère aîné, consanguin, Jean de Beaufort, seigneur de Limeuil, issu d'un premier mariage de Nicolas de Beaufort, seigneur d'Herment. Jean s'était rallié aux Anglais et, pour ce motif, avait été déshérité par son père [1]. Néanmoins, il s'intitulait déjà vicomte de Turenne du vivant d'Éléonore, héritière elle-même de sa nièce Antoinette, fille unique du dernier vicomte. La forteresse de Turenne [2], très importante au point de vue militaire, fut disputée vivement entre les deux partis, et la ville de Tulle, capitale du pays, invariablement attachée à la monarchie nationale, dut se mettre du côté de Pierre de Beaufort [3]. Justel et Baluze, qui ont traité de l'histoire des vicomtes de Turenne, ne nous disent rien de ce conflit [4]. C'est notre acte qui nous le fait connaître en exposant les graves conséquences qu'il entraîna pour la ville de Tulle.

Jean de la Roche était du camp opposé et se trouvait en guerre avec cette ville. Il était établi au gros bourg de Laguenne, à une heure de marche de Tulle, ce qui indique qu'il avait vaincu toutes les résistances sur son passage. Le 31 mai 1426, jour de la Fête-Dieu, il s'avança avec sa compagnie vers cette petite capitale, s'en empara par la force, y portant le meurtre et l'incendie, rançonnant les habitants et ravageant les environs. Heureusement, de prompts secours l'empêchèrent de consommer la ruine de la cité et de sa banlieue.

Voici en quels termes expressifs notre acte, daté du 12 avril 1427, raconte ces faits, dont aucun annaliste n'a fait mention. Nous tâchons de conserver la physionomie du texte latin.

[1] Pierre de Beaufort, beaucoup plus âgé que son frère et né ve.s 1370. D'après quelques auteurs, il mourut dans une émeute populaire à Limeuil (Périgord), en 1421. Nadaud, dans son *Nobiliaire de la généralité de Limoges*, prolonge son existence jusqu'en 1426.

[2] La vicomté de Turenne, seigneurie des plus considérables, jouissait de droits régaliens. Le Roi n'y percevait ni taille ni aide, n'y avait d'autre vassal direct que le vicomte.

[3] Notre explication de la querelle de la vicomté de Turenne n'est toutefois qu'une hypothèse. Les difficultés pouvaient venir d'un autre prétendant à la vicomté, Jacques de Pons, seigneur turbulent, qui fut aussi de « l'escorcherie. » Ce qui est certain, c'est que Pierre de Beaufort eut à guerroyer contre les Anglais pour se maintenir dans la vicomté, car, on 1428, lorsqu'il conduisit des troupes au roi marchant sur Bourges, il avait conclu une trêve ou abstinence de guerre, pour ses terres, avec un capitaine anglais, afin de pouvoir quitter librement le Bas-Limousin. Beaucourt, II, 165, d'après des lettres de rémission de l'année 1450, aux Archives nationales, JJ 180, n° 140.

[4] Justel, *Histoire de Turenne*; Baluze, *Histoire de la maison d'Auvergne*.

Depuis quelque temps, une grande guerre s'était déclarée entre Jean de la Roche et la cité de Tulle et lieux voisins, au sujet de la vicomté de Turenne. Les instigateurs de cette guerre et qui l'ont fomentée, Celui qui rien n'ignore les connaît, et lorsqu'ils paraîtront en tremblant devant le tribunal du juge éternel, leur malice, leur astuce, leur orgueil, leur pouvoir et leurs manœuvres inouïes, loin de leur profiter, les accuseront davantage, et ils auront à rendre des comptes pour tous les maux qu'ils ont causés ! Que la puissance divine daigne pourtant leur pardonner, afin que ne soient pas à jamais perdues leurs âmes, qui ont été rachetées d'un si grand prix que le sang du Christ !

Et le jour du Corps du Christ, Jean de la Roche, à la façon d'un brigand, venant de la ville de Laguenne avec une grande force de complices, se porta en ennemi sur la ville de Tulle, et de sa propre autorité l'envahit, la dévasta grandement, incendiant et pillant les faubourgs, commettant des meurtres, détruisant par le feu les métairies de l'église [1], mettant à rançon les ecclésiastiques et autres habitants, perpétrant toutes sortes d'autres crimes et énormes forfaits.... Et ils auraient encore plus saccagé la ville, s'ils n'avaient été empêchés par les gens de guerre du très noble et très puissant seigneur le comte de Pardiac, vicomte de Carlat et de Murat [2], et par ceux du seigneur Pierre Foucher [3], qui la secoururent, ainsi que par les prud'hommes de la cité....

L'acte ne dit pas si l'envahisseur fut chassé par les armes ou s'il se retira à l'approche de forces supérieures aux siennes. La querelle ne fut pas éteinte. Jean de la Roche annonça son prochain retour en intention de brûler ce qui restait des faubourgs, et de reprendre la ville. Pour parer à cette menace, les habitants relevèrent à la hâte les fortifications et firent construire une puissante machine de guerre [4]. Ces préparatifs de défense et la

---

[1] La seigneurie de la ville et des environs appartenait à l'évêque et au monastère.

[2] Bernard d'Armagnac, fils cadet du connétable, né en 1400 ou 1401, mort en 1462. Vaillant et dévoué serviteur de Charles VII, sauf une défaillance dont il sera parlé plus loin. Il avait épousé, en 1424, la fille unique de Jacques de Bourbon, comte de la Marche, dont il était le lieutenant général dans le comté de la Marche, ce qui explique sa présence au voisinage de Tulle. Il rendit plus d'un service du même genre dans son rayon, en cette année 1426.

[3] Seigneur de Sainte-Fortunade, près Tulle. Dévoué à Charles VII.

[4] La construction de cette machine de guerre (*brida*) donna lieu à un procès qui fut jugé au tribunal de l'officialité par l'évêque de Tulle en personne. C'est dans un acte d'appel signifié à l'évêque contre sa sentence que se trouve remémoré l'exploit de Jean de la Roche. Ce n'est pas le lieu de chercher à démêler les intrigues et manœuvres auxquelles il est fait allusion par l'appe-

présence du comte de Pardiac intimidèrent sans doute Jean de la Roche. Il ne revint pas, quitta le Bas-Limousin, allant chercher ailleurs un meilleur butin.

Au mois d'août suivant, nous le trouvons engagé dans une entreprise contre la ville de Limoges. Sa compagnie est enrôlée au service de Jean de Bretagne, seigneur de Laigle, lieutenant général dans la vicomté de Limoges pour son frère Olivier, vicomte. Cette ville (la partie dite le Château, distincte de la cité) était d'ancienne date en conflit avec son seigneur, dont elle contestait les droits. Le sieur de Laigle jugea l'occasion favorable pour s'en saisir. Tous moyens étaient bons aux batailleurs de ce temps. Les Anglais venaient de s'emparer de la petite ville de Nontron [1], dans la vicomté. Jean de Bretagne somma les consuls du Château, au nom de l'intérêt commun, de lui envoyer « artilheries, arnois et munitions » pour éloigner ce dangereux voisinage. Les consuls, désireux d'ailleurs d'atteindre ce résultat, n'osèrent refuser, se démunirent de leurs moyens de défense. Alors, Jean de Bretagne soudoya un des consuls pour arriver plus aisément à ses fins. Le traître, nommé Pradeau, s'engagea à lui livrer une des portes de la ville. Le 27 août, à trois heures du matin, accompagné de 200 lances et de 3,000 hommes de pied, ramassis d'Anglais et de Français, commandés par Jean de la Roche et autres aventuriers, Jean de Bretagne se présenta sous les murs comme il était convenu. Mais la trahison fut déjouée par un heureux hasard, et la porte resta close. Il y eut quelques escarmouches meurtrières, l'armée fit de grands dégâts aux environs, et Jean de la Roche occupa avec sa compagnie l'abbaye de filles de la Règle, hors les murs [2]. C'était encore un coup manqué, mais de tels débuts promettaient. En trois mois la prise et le sac d'une ville, l'occupation violente d'un couvent de religieuses : dans ces méfaits rappelés

---

lant, qui semble reprocher à l'évêque d'y avoir trempé. Ce point est d'un intérêt tout local.

[1] *Annales de Limoges*, dites Manuscrit de 1638, p. 295 (Limoges, 1872) ; Bonaventure de Saint-Amable, *Annales du Limosin*, p. 696 (t. III, de l'*Histoire de saint Martial*. Limoges, 1685). — D'après les *Annales de Limoges*, les Anglais avaient pris « Nantiat, à onze lieues de Limoges, près Eyssedueil ; » mais Nantiat est fort éloigné d'Excideuil et plus rapproché de Limoges. Le P. Bonaventure est plus exact en indiquant Nontron, dans la vicomté.

[2] Bonaventure de Saint-Amable, p. 596.

en quelques lignes, on comprend ce qu'il tient de crimes et d'excès de la part d'une soldatesque sans frein.

Jean de la Roche était appelé ailleurs et laissa Jean de Bretagne continuer ses ravages dans le Haut-Limousin, malgré l'intervention du roi, qui chargea Poton de Saintrailles, alors capitaine de Chalusset [1], de s'y opposer. Par une de ces contradictions déjà signalées, Jean de Bretagne, qui fut un des plus acharnés ennemis des Anglais, un des plus brillants conquérants de la Guyenne, avait alors dans sa troupe le fameux capitaine anglais Gadıter Shorthose, qu'il devait ensuite combattre sans merci durant de longues années [2].

A ce moment, le connétable de Richemont et le sire de la Trémoille se disputaient l'influence dans les affaires de l'État. Pour renverser le favori qu'il avait lui-même imposé au roi, le connétable ne craignit pas, malgré la situation critique du royaume, d'organiser une révolte contre l'autorité royale. Le comte de Clermont, son beau-frère, et le comte de Pardiac entrèrent des premiers dans cette coalition, et les alliés rassemblèrent une petite armée qui s'avança dans le Poitou et la Touraine jusqu'à Chinon [3]. La Trémoille, de son côté, recruta des partisans pour la cause du roi. Jean de la Roche promit son concours, arriva en Poitou (1427). Jean de Bretagne, le « mortel ennemi » des Montfort et, par suite, de Richemont, s'engagea aussi et fut appelé au conseil du roi [4]. Le connétable demanda alors du ren-

---

[1] Antique forteresse (arrondissement de Limoges). V. Chronique de G. Tarneau, p. 222 et s., dans *Chartes, chroniques et mémoriaux pour servir à l'histoire de la Marche et du Limousin*, par Alf. Leroux (Tulle, 1886).

[2] Alf. Leroux, p. 228. — Shorthose était alors capitaine de Bergerac et de Dome pour les Anglais ; il fut plus tard maire de Bordeaux. — Un mémoire manuscrit du siècle dernier (*apud me*), concernant cette expédition de Jean de Bretagne, lui donne aussi pour auxiliaire le capitaine anglais Beauchamp, que nous retrouverons tout à l'heure : ce renseignement demanderait à être contrôlé. Le mémoire tend à prouver que Jean de Bretagne, tout en paraissant dévoué à la cause française, fut d'abord le partisan et l'allié des Anglais. Cette opinion est celle des anciens chroniqueurs limousins. Elle est due à la rancune, assez légitime, gardée par les Limogeaux contre leur seigneur féodal. Pour son intérêt du moment, pour une guerre privée, il put arriver à Jean de Bretagne de recruter des soldats dans les deux camps, mais il ne fut jamais du parti anglais ; sa vie tout entière, ses tendances de famille, protestent contre une telle allégation.

[3] Histoire d'Artus de Richemont, par Gruel, éd. Levavasseur, p. 61 ; Beaucourt, II, 153.

[4] Jean de Bretagne figure au conseil dès le 2 décembre 1427. *Le Connétable de Richemont*, par Cosneau, p. 154 (Paris, 1886).

fort à son frère le duc de Bretagne, qui lui envoya des hommes d'armes et de trait sous la condition qu'ils ne serviraient pas contre le roi d'Angleterre, mais seulement contre le sieur de Laigle et ses adhérents [1]. Les hostilités étaient ouvertes. Le connétable ayant quitté Chinon pour se rendre en Poitou, le roi en personne se présenta devant cette ville et l'occupa sans coup férir (mars 1428). Il se dirigea ensuite vers Loches. Mais pendant ce temps, les comtes de Clermont et de Pardiac s'étaient emparés de Bourges, moins le château, où s'était retiré le sire de Prie, commandant pour le roi [2]. La Trémoille se hâta d'envoyer Gaucourt en Poitou, pour ramener avec lui Jean de la Roche [3], et passa un traité d'alliance avec le duc d'Alençon (mai 1428). Le roi rejoint par ses meilleurs capitaines, le bâtard d'Orléans, Gaucourt, La Hire, Saintrailles, etc. [4], se porta sur Bourges et somma les rebelles d'évacuer la place. Ceux-ci attendirent vainement Richemont et le secours de Bretagne, finirent par se rendre. Le connétable ne put se réunir à ses complices. Sur la voie directe, les passages étaient gardés, il fit un détour par le Limousin, mais là encore la route lui fut barrée par Jean de Bretagne [5]. Ne réussissant pas à pénétrer en Berri, il revint en Poitou, et son action se borna à combattre sans gloire et même sans succès Jean de la Roche. Le premier apologiste du connétable [6] passe légèrement sur cette piteuse et coupable aventure, et se borne à dire : « Et eut mon dict seigneur [qui était alors à Parthenay] de grandes brouilleries et guerres avec les gens de La Trémoille et Jehan de la Roche et leurs alliés en beaucoup de manières [7]. » Richemont, hors du droit chemin, ce qui lui arriva plus d'une fois, ne restait pas à la hauteur de sa renommée. Cette année ne lui fut pas favorable, et « pour ce que Jehan de la Roche et ses gens faisoient de grands maux et pilleries au pays de Poictou, » le connétable rassembla une troupe pendant

---

[1] Beaucourt, II, 160, d'après ms. fr. 2175, f° 163, Bibl. nat.
[2] *Histoire de Berry*, par La Thaumassière, p. 158, 159 (Bourges, 1689). Lettres de rémission du 17 juillet 1428.
[3] La Thaumassière, 586, 587 ; Beaucourt, II, 163 ; Cosneau, 160.
[4] Le vicomte de Turenne arriva du Limousin avec un renfort. V. ci-dessus.
[5] Gruel, 61 ; Beaucourt, II, 165 ; Cosneau, 160.
[6] Le second est M. Cosneau, qui ne voile pas les faits, mais cherche à justifier cette rébellion inexcusable.
[7] Gruel, 61.

l'hiver (fin 1428). Il en donna le commandement à Jean Sevestre, son lieutenant, avec ordre de mettre le siège devant Sainte-Néomaye, près Saint-Maixent. Le camp fut posé, mais Jean de la Roche arriva avec sa compagnie pour rafraichir les assiégés. Il entra dans la place en présence des hommes de Richemont, qui se retirèrent prudemment dans leur camp et le lendemain levèrent le siège. Le connétable renonça à inquiéter le hardi capitaine de son rival, « et ne bougea toute cette saison de Parthenay [1]. »

Jean de là Roche paraît avoir subi particulièrement l'influence des deux grands personnages pour lesquels nous le voyons combattre de 1426 à 1428 : Jean de Châtillon et de Blois, dit de Bretagne, seigneur de Laigle, puis vicomte de Limoges, comte de Périgord et de Penthièvre [2], et Georges de la Trémoille, premier ministre de Charles VII [3], tous deux ennemis du connétable de Richemont. Jean de la Roche fut tour à tour, et jusqu'à la fin de sa vie, l'auxiliaire et le compagnon dévoué de l'un ou de l'autre. En servant La Trémoille, il s'était rangé, d'une certaine façon, parmi les fidèles du roi. Cette conversion s'accentua bientôt davantage. Il faut ici plus de détails, parce que nous abordons la période la plus honorable et la plus glorieuse de la carrière militaire de notre capitaine, et que les faits dont il s'agit sont très peu connus, sinon complètement inédits. Ils ont échappé aux historiens les mieux informés. Ce n'est pas qu'ils manquent d'intérêt même à un point de vue plus général que l'objet de cette notice [4].

[1] Gruel, 61 et suiv. ; Cosneau, 164.

[2] Petit-fils de Charles de Châtillon, comte de Blois et duc de Bretagne, évincé du duché par Jean de Montfort. Nous laissons à Jean II de Châtillon le nom de Bretagne, qu'il porta constamment ainsi que ses frères, et qui lui appartenait en vertu de traités solennels. Il fut seigneur de Laigle, en Normandie, du vivant de son frère Olivier; à la mort de celui-ci, en 1433, vicomte de Limoges et nominalement comte de Penthièvre; comte de Périgord par acquisition en 1437, enfin comte de Penthièvre effectivement en 1448, en vertu du traité de Nantes. Les historiens modernes le nomment Jean de Blois, à l'instar des Montfort; mais il n'a pris ce nom dans aucun acte. Il signait : *Jehan de Bretagne* et portait les armes de Bretagne avec bordure.

[3] Georges de la Trémoille possédait au Bas-Limousin les importantes seigneuries de Corrèze, Boussac et Donzenac, par donation de sa première femme, Jeanne d'Auvergne. Il a pu, pour ce motif, avoir quelque part dans la conduite de Jean de la Roche en mai 1426.

[4] J'emprunte les faits qui vont suivre à un procès-verbal d'enquête dressé vers 1460 pour établir, contre les réclamations du comte d'Angoulême, les droits de Jean de Bretagne, et par suite de ses héritiers, sur le comté de Périgord. Ce précieux document, conservé dans les archives des Basses-Pyrénées,

Quelques villes tenaient pour le roi en Limousin et Périgord, jusque vers le Bordelais, mais la plupart des châteaux étaient aux Anglais, ou à des capitaines affranchis de toute dépendance. La forteresse d'Auberoche, anciennement de la vicomté de Limoges, incorporée au comté de Périgord depuis près d'un siècle, commandait une grande étendue de pays. Lorsque les Anglais l'occupaient, ils poussaient leurs incursions jusqu'au Dorat et à la Souterraine, vers le Poitou et le Berri, et par Brive et Tulle jusqu'à Meymac et Ussel, vers l'Auvergne. Au début du règne, Auberoche était revenu aux Français, mais les Anglais le ressaisirent par la trahison d'un nommé Mourmat [1], et la soumission d'un grand nombre de places s'ensuivit. Archambaud VI, comte de Périgord, enragé Anglais, banni en 1399 et réfugié en Angleterre, rentra alors dans son comté et s'établit à Auberoche (1425) [2]. Les incursions suivies de meurtres et de pillage reprirent de plus belle. Il y eut une affaire sanglante, véritable razzia de brigands, au Dorat, « où fut tué grand noblesse de Limosin [3]. » Après quarante ans, on parlait encore avec un ressentiment indigné de « la destrousse et murtrerie du Dorat. » Le Châlard, Masseré, Salon, Coussac [4], avaient subi les mêmes violences. Montvert, près d'Aurillac, fut aussi saccagé. Ces forcenés enlevaient les enfants pour en tirer rançon [5]. Toute la région était tenue « à pâtis, » nourrissait de gré ou de force les multiples garnisons anglaises. Celles-ci, du reste, lorsque l'approvisionnement laissait à désirer, couraient les foires même très éloignées, raflaient les denrées et le bétail exposés en vente, massacraient

---

E 657, n'a été utilisé par aucun historien. J'en ai déjà signalé l'importance dans *La Vicomté de Limoges, géographie et statistique féodales* (Périgueux, 1877-1879).

[1] Déposition de Jean La Servantie, écuyer.

[2] Il fit son testament à Auberoche, cette année 1425, et M. Dessalles, *Périgueux et les deux derniers comtes de Périgord* (Paris, 1847) et *Histoire de Périgord* (Libourne, 1886, 3 vol. in-8), dit qu' « après cette date on n'entend plus parler de lui. » Notre enquête supplée à cette lacune. M. Dessalles, qui a condensé dans son *Histoire du Périgord* une énorme quantité de documents d'archives, n'a pas connu celui-ci.

[3] Déposition de frère Hélie de Raffaillac, prieur de Cubes.

[4] Gros bourgs entre Tulle et Limoges.

[5] Dép. de Jean de Coux, seigneur du Chastenet, capitaine de la Roche l'Abeille. « Dit qu'il vit le Chaslar pris des Anglois partant d'Auberoche et fu...s un jour, en l'âge de sept ou huit ans, en une course que firent les Ang...is dud. Auberoche à Masseré, Salon, Coussac et tout le païs de l'environ en la vicomté de Limoges. »

les paysans qui faisaient mine de résister. Tout le Périgord, excepté Montignac, Bourdeille et les paroisses de Lisle et de Celle, obéissait au « comte anglais; » encore Montignac et Bourdeille étaient-ils comme hors la main du roi, à des capitaines qui ne voulaient les rendre que moyennant grosse finance [1]. Jean de Bretagne, voyant sa vicomté se perdre, résolut une expédition contre Archambaud et ses Anglais, pour les repousser jusque vers le Bordelais, dont on ne songeait pas encore à les chasser. Il réunit les États de son fief pour réclamer leur avis et leur concours. Ceux-ci décidèrent qu'il y avait lieu de prendre l'assentiment du roi. Le sénéchal de Périgord (Gouffier Hélie, seigneur de Vilhac), et Geoffroy du Luc, seigneur de Dampniat, furent députés à Chinon à cet effet [2]. Charles VII accorda volontiers son attache, mais sans pouvoir promettre aucun subside [3]. Jean de Bretagne se mit aussitôt à l'œuvre, battit monnaie, convoqua le ban de ses vassaux, conclut des alliances avec Jean de la Roche, le vicomte de Turenne et Geoffroy de Mareuil [4]. Les principaux gentilshommes des environs répondirent à son appel. Louis de Pierre-Buffière, Bertrand de Lur, Geoffroi du Luc, Jean de Royère, Guy d'Abzac de la Douze, les Laporte, les Champaignes, les La Servantie, les Belet s'engagèrent comme hommes d'armes [5]. Une petite armée fut mise ainsi sur pied (plus de 3,000 combattants dont 500 hommes d'armes) [6] en vue d'un siège « à règle et à canon » de la place d'Auberoche. Les temps étaient difficiles, le cortège des « lances garnies [7] » eût été en-

[1] Dép. de Guy d'Abzac de la Douze, écuyer.
[2] Dép. de Geoffroi du Luc. Cette ambassade dut avoir lieu au début de l'année 1429 ou même à la fin de 1428. Le sénéchal de Périgord fut tué bientôt après, dans cette expédition, « en 1428 » vieux style, c'est-à-dire avant Pâques 1429.
[3] En réalité, il en accorda bientôt après sur les aides du Limousin. Mais ce roi, qui dépensa tant d'argent pour conquérir son royaume, n'en avait jamais. Sa gêne personnelle est notoire. Elle est confirmée par notre enquête. A propos des grands frais exposés par Jean de Bretagne, Jean de Charbonnières, écuyer, seigneur de Jayac, « récite la poureté du Roy et comment bailla à Frotier ses boucles et mordant de ses salade et épée. » — Le laconisme du témoin est à regretter. Dans cette remise de menus objets précieux à Pierre Frotier, le fidèle conseiller, on entrevoit un pendant à l'anecdote des houzels que Charles VII, après les avoir essayés, ne pouvant les payer comptant, dut rendre au cordonnier.
[4] Dép. d'Hélie de Raffaillac et de Jean de Charbonnières.
[5] La plupart sont témoins dans l'enquête.
[6] Dép. de Jean de Coux et d'Hélie de Raffaillac.
[7] La lance fournie se composait ordinairement de six hommes, la plupart

combrant et trop coûteux. Par exception, Pierre-Buffière avait un page portant son bassinet [1] et sa lance « et n'y avoit point de bagages, chascun portoit sa lance s'il n'estoit de bonne maison et eust bien de quoy [2]. » On prévoyait que la forteresse résisterait longtemps, grâce à l'épaisseur de ses murailles et à sa vaillante garnison, commandée par le capitaine Beauchamp. Aussi fit-on les préparatifs les plus sérieux. « De toutes parts vindrent vivres et artilheries et y avoit cent charrettes » qui faisaient les convois. On dressa le camp pour un siège de plusieurs mois, on l'entoura de fossés et de « paulx » ; des bastilles furent construites à grand renfort de temps et de dépense, le tout aux frais et sous la direction de Jean de Bretagne. « Les Lombards y vindrent par le commandement du Roy, comme ils disoient [3], » et firent face à grosse usure aux nécessités d'argent. Quelques assauts furent tentés, quelques sorties furent faites sans changer l'état des choses. Dans une de ces escarmouches, le sénéchal du Périgord trouva la mort [4]. Une nuit, le comte Archambaud s'échappa, à pied, accompagné d'un seul homme nommé Roby, franchit les lignes des assiégeants, courut à Bordeaux chercher du secours. « Armagnac, le captal, Montferrand, Duras, Grandmont, Lesparre et Chartroise, angloys bourdeloys [5], » prirent les armes pour délivrer Auberoche. Informé de leur venue, Jean de Bretagne appela à son aide ses alliés qui attaquaient les châteaux des environs. Il alla au-devant de Turenne et de La Roche jusqu'à Agonac, les ramena avec Mareuil, et réunit ainsi 4,000 hommes. Les Bordelais s'avancèrent par Puynormand jus-

montés : le chevalier armé de la lance, son écuyer ou page, des archers, un homme de pied.

[1] Casque trop lourd pour être constamment sur la tête. L'écuyer portait la lance et le bassinet, que le chevalier ne prenait qu'au moment de la charge.

[2] Dép. de Jean de Coux, page de Louis de Pierre-Buffière pendant le siège.

[3] Banquiers d'Italie qui avaient, au xv⁰ siècle, comme le monopole des prêts d'argent. Dép. de B. de Luc, de J. de Charbonnières, de Seguy de Champaignes.

[4] « Durant led. siège fust tué Vilhac en l'an 1428. Dép de J. de Charbonnières.

[5] Ces partisans des Anglais sont connus : Jean IV, comte d'Armagnac ; Gaston de Foix-Grailly, captal de Buch, Bertrand de Montferrand, Gaillard de Durfort, seigneur de Duras, Pierre de Montferrand, cadet de Bertrand, soi-disant seigneur de Lesparre, Gadifer Shorthose, déjà nommé. Quant à Grantmont, ce doit être Bertrand de Grantmont, mentionné souvent dans la guerre de Guyenne et qui, le 11 mai 1450, livra le château d'Aubeterre à Jean Bureau, maître de l'artillerie du Roi ; Beaucourt, V, 43. On trouve aussi François de Grammont, conseiller et chambellan du Roi, qui obtint des lettres de rémission en 1453. *Ibid.*, 333.

qu'à Bergerac et Clermont, mais jugèrent prudent de ne pas s'engager contre les assiégeants. Cependant le capitaine Chartroise parvint à pénétrer dans la forteresse avec une centaine d'hommes et à y introduire des vivres et un formidable engin de guerre nommé « le loup de Bordeaux, » qui détruisit les bastilles et travaux des Limousins [1].

Mais ceux-ci et tous les Français recevaient un plus précieux renfort. Tout à coup, l'espérance et la fierté remplaçaient dans les cœurs le découragement. La Pucelle venait de délivrer Orléans. Au mois de juin, elle était à Selles en Berri, s'apprêtant à chasser les « Godons » de Jargeau et de Beaugency. Jean de la Roche fut-il appelé du Périgord par Charles VII ou de son initiative marcha-t-il au canon, comme on dit dans le militaire, jaloux de prendre sa part de la glorieuse revanche? Nous ne savons. Toujours est-il qu'il était attendu dans l'armée de Jeanne d'Arc. André de Laval, le futur maréchal de Lohéac, dans cette mémorable lettre [2] qui contient de si émouvantes impressions au sujet de l'admirable héroïne, écrivait de Selles à sa mère : « .... Et l'on dit icy que M. le connétable arrive avec 600 hommes d'armes et 400 hommes de trait, et que Jehan de la Roche vient aussy et que le Roy n'eust pieça si grande compagnée que on espère estre icy. » Le nom de Jean de la Roche ainsi placé montre l'importance qu'il avait acquise et le prix attaché à son concours. Nous ne saurions admettre, comme l'insinue le nouveau biographe du connétable, que Jean de la Roche avait reçu ordre de suivre Richemont pour le surveiller [3]. Les paroles d'André de Laval ne prêtent point à cette interprétation. On n'a pas la preuve, du reste, que Jean de la Roche, attendu à Selles, y soit arrivé. Nos recherches pour trouver trace de sa présence aux côtés de Jeanne d'Arc ont été infructueuses. Nous inclinons à croire qu'il ne quitta pas le Périgord.

[1] Dép. de Seguy de Champaignes et de Jean de Royère.
[2] Voir Quicherat, *Procès de Jeanne d'Arc*, t. V, p. 106 et suiv.
[3] M. Cosneau, p. 165, n., s'exprime ainsi : « Peut-être Jean de la Roche avait-il reçu l'ordre de ne plus combattre Richemont et de venir au secours d'Orléans, à moins que ce ne fût pour le surveiller. » Jean de la Roche avait cessé, depuis le milieu de l'hiver, de combattre le connétable, qui « ne bougea toute cette saison. » Jean de la Roche dut se joindre à Jean de Bretagne au commencement de 1429 : il n'est pas impossible qu'il soit allé en Berri au mois de juin puis revenu, mais l'enquête semble présenter son action en Périgord comme ininterrompue.

— 17 —

Le siège d'Auberoche tenait toujours et durait depuis près d'un an. La garnison se lassait d'attendre le secours promis par Archambaud [1]. Il paraît que quelques-uns vendirent la place moyennant 3,000 écus, le paiement garanti par des otages, mais l'argent reçu, ils ne livrèrent ni les otages ni la place [2]. Une autre intrigue réussit mieux. Mourmat, après avoir trahi les Français, trahit les Anglais à leur tour. Il procura à Jean de Bretagne, deniers comptants [3], le moyen de s'introduire « la nuyt par amblée » dans la basse-cour du château. Les Anglais se retranchèrent alors dans le donjon et s'y défendirent si bien qu'il fallut faire une galerie souterraine pour arriver jusqu'à eux. A l'issue du souterrain, dans l'intérieur de la tour, il y eut une terrible lutte corps à corps, mais les assaillants furent encore repoussés. En se retirant, ils mirent le feu au donjon, une partie des hautes murailles s'écroula et la garnison dut se rendre à composition [4]. Beauchamp ne demanda que la vie sauve pour lui et ses hommes [5], ce qui fut accordé. Mourmat avait d'ailleurs mis dans son traité que si la garnison se rendait, elle ne serait pas passée au fil de l'épée.

Le peuple de ces parages jusqu'à Périgueux, Tulle, Limoges, les soldats eux-mêmes demandaient à grands cris que cette forteresse, d'où étaient sortis tant de maux depuis de longues années, fût rasée, à jamais détruite, afin qu'il fût impossible à

---

[1] Les témoins, parlant du comte, dirent qu'il n'était pas homme de guerre, qu'il ne se mit point en armes, que c'était un homme simple.
[2] Les auteurs de cette double scélératesse se nommaient Guillionet et Richard le Commandaire. Partie de la somme fut reprise à la reddition de la place. Jean de Royère dépose qu'il « salva 120 marcs d'argent et 500 écus, et tout le surplus fut perdu. » On retrouva aussi un des otages, nommé Colonges, probablement un gentilhomme de la famille Hélie de Colonges.
[3] Moyennant 2,000 écus.
[4] « .... Et se combattirent ceux dedans et ceux dehors à main par l'ouverture de lad. mine et ne firent encores rien jusqu'à ce que le feu y fust mis et partie du donjon tombé, alors se rendirent. » Dép. d'Amanieu de Laus, écuyer.
[5] Le capitaine Jean Beauchamp avait de l'importance dans le parti anglais. Il commandait déjà dans Auberoche en 1419. Au mois de janvier 1424 (v. s.), il négocia par ses commis avec Geoffroi de Mareuil, conseiller et chambellan du Roi, sénéchal de Périgord, la rançon de messire Thomas d'Arondel. « .... Comme entre moi et aucuns commis de P. Jehan Beauchamp eust esté accordé que messre Thomas d'Arondel sera quitte pour la somme de 1,000 escus d'or.... Comme M. de Laigle prétend avoir des droits sur M. d'Arondel, je m'engage à payer à M. de Laigle la moitié des 1,000 escus d'or quand je les aurai receus. » 11 janvier 1424. Signé : Mareuil. Arch. des Basses-Pyrénées, E, 640.

quiconque de s'y rétablir. Il en coûtait à l'héritier présomptif de la vicomté de Limoges de faire disparaître l'antique manoir bâti par ses ancêtres [1], il fut contraint de céder à ce mouvement. La démolition commença sur-le-champ, « et si monseigneur l'eust empesché, jamais n'eust trouvé que l'eust servy et suivy [2]. » Mais la masse était énorme, la destruction ne put être achevée que l'année suivante. Au mois de novembre, la ville de Périgueux envoya cent soixante ouvriers. Au cours du travail les Anglais s'approchèrent, montrant des velléités de reprendre possession. En février 1431 la ruine était consommée [3].

Pendant le siège, qui dura près de deux ans, Jean de Bretagne, Jean de la Roche, le vicomte de Turenne, le baron de Mareuil, eurent le temps de nettoyer les environs. Ils chassèrent les Anglais d'une trentaine de châteaux ou villes. De ce nombre, d'après notre enquête : Clermont, Montclar, Montastruc, Estissac, Sourzac, Belvès, Banes, Gurson, Aymet, La Salvetat, Montferrand, Lanquais, Beaumont, Biron, Roussille, Ribérac, Le Repaire, Saint-Privat, Nabirat, Chanteyrac, etc., etc., une bonne partie du Périgord [4]. Beaucoup furent gagnés par les armes, beaucoup achetés. Jean de Bretagne paya de ses deniers le ralliement de divers châtelains, rendit Français, à prix d'argent, plusieurs capitaines anglais qui depuis ne furent plus nuisibles. Les résultats de cette campagne de 1429-1430 ne furent pas définitifs, les Anglais se rétablirent sur plusieurs points, et la délivrance du Périgord ne fut complétée que huit à neuf ans plus tard; mais dès ce moment les Français eurent la haute main, le pays put respirer et entrevoir la fin de ses misères.

Jean de la Roche, abandonnant ses premiers errements, avait rendu de vrais services à la cause royale. Il ne tarda pas à en être dignement récompensé. Le 9 avril 1431, Charles VII, étant

---

[1] « .... Aussy la place ne valoit plus rien pour garder et n'y avoit pas cent sols de rente. » Dép. de Guy d'Abzac.

[2] Dép. du frère Nicolas Deyeures.

[3] Mêmes dépositions, et Dessalles, II, 424, 425.

[4] « .... Et durant led. siège ou bastille furent conquises plusieurs places au nombre de 30 et plus. » Dép. de B. de Lur. — Nous ne saurions pourtant certifier que toutes les places ci-dessus nommées aient été conquises en 1429-1430. Jean de Las Johannas, viguier d'Excideuil, qui donne cette énumération, ne semble pas l'appliquer uniquement aux deux années du siège d'Auberoche. — Pour ces noms de lieux, voir le *Dictionnaire topographique du dép. de la Dordogne*, par le vicomte de Gourgues (Paris, 1873).

à Poitiers, lui accorda des lettres de rémission pour tous les excès qu'il avait commis antérieurement à ses derniers exploits [1]. De son côté, le capitaine promit au roi « d'être bon et loyal sujet, de le servir envers et contre tous et de réparer les maux qu'il avait faits [2]. » A la même époque, il fut nommé écuyer d'écurie du roi [3] et sénéchal de Poitou. Belleforest place sa nomination de sénéchal au même temps où Charles VII créa l'Université de Poitiers, et la dit causée « en récompense des bons et agréables services qu'il avoit faits au roy et de sa vertu et prud'hommie [4]. » Elle serait alors du mois de mars 1431. D'après M. Cosneau, mieux informé, elle ne fut signée que le 23 novembre de la même année [5].

Il est peu parlé de l'administration de Jean de la Roche comme sénéchal. On trouve quelques actes de son ministère parmi les manuscrits de Dom Fonteneau. Il y est qualifié seigneur de Barbezieux et écuyer d'écurie du roi. Leur objet est insignifiant [6]. C'était avant tout un homme de guerre et sa nouvelle dignité ne changea pas ses goûts. L'année suivante, à l'instigation de son ami La Trémoille, il opère avec ses routiers sur les marches de Bretagne, en violation du traité récemment conclu, à Rennes, entre le roi et le duc de Bretagne. Jean V députa à la cour Prégent de Coëtivy pour se plaindre de ce que ses frontières n'étaient pas respectées, mais Jean de la Roche continua ses courses. Le 8 juin (1432), jour de la Pentecôte, en compagnie de Pierre Regnault de Vignolles, frère de La Hire, il s'empara de la petite ville de Mervent en Vendée. Coëtivy, lieutenant du con-

---

[1] Ces lettres sont mentionnées par le P. Anselme, *loc. cit.* Il est à regretter que leur texte ne soit pas connu, comme le remarque M. de Beaucourt, II, 607.

[2] Dessalles, II, 433, avec renvoi à JJ 873, Arch. nat. Cette addition à la mention du P. Anselme laisserait croire que M. Dessalles aurait vu les lettres de rémission, ou tout au moins une analyse plus complète de cet acte.

[3] D'après Quicherat, *Rod. de Vil.*, 56, la dignité de simple écuyer d'écurie était donnée aux débutants dans la carrière. Elle ne pouvait guère s'assortir à celle de sénéchal, qui était de première importance. Il faut peut-être lire premier écuyer, et je crois bien l'avoir lu quelque part.

[4] *Annales*, II, 1102.

[5] Cosneau, 103. Cet auteur renvoie à une pièce des Archives nationales X¹ᵃ 8604. Il ajoute : « Le mardi 27 novembre [1431], le Parlement décide que J. de la Roche, nommé sénéchal du Poitou, sera reçu à prêter serment en cette qualité devant le Roi, malgré l'opposition de J. de Comborn, seigneur de Treignac. » Arch. nat., X¹ᵃ 9194, f° 2 v°.

[6] 25 avril 1435 et 11 juillet 1436. Tables de Fonteneau, 332, 333. — 21 mars 1438. Mss. de Fonteneau non catalogués.

nétable, reçut mission de les déloger, il les attaqua aussitôt et huit jours après les força à capituler [1].

Nous ne retrouvons notre remuant capitaine que deux ans plus tard, mais nous apprenons en même temps qu'il n'était pas resté inactif dans cet intervalle. Les Anglais, les compagnies travaillaient toujours le Limousin et le Périgord. Jean de Bretagne « leur estoit frontière et barrière, » mais n'avait pu les expulser complètement. Les Anglais possédaient encore plusieurs places importantes sur les marches de la vicomté : Aucor, Mareuil, Dome [2], cette dernière presque aussi forte qu'Auberoche. Courbefy, près Limoges, Larche, près Brive, servaient de repaires à des bandes d'écorcheurs [3]. Rodrigue de Villandrado et le bâtard de Bourbon exerçaient leurs ravages d'Ussel à Tulle [4] et avaient même mis Tulle à « pâtis [5]. » Bernard de Bussières, chevalier français, « tourné anglais, » avait saisi plusieurs forteresses vers Brive et Turenne, « le bastard de Léaue et autres estradeurs rouboyent et pilloyent » dans les parages de Châlusset, le bâtard d'Azay, Gastineau, d'autres encore, fourrageaient la Marche aux environs de Grand-Bourg-Salagnac [6]. La liste pourrait être allongée. Tous ces malfaiteurs avaient le champ libre, pour ainsi dire, en Limousin. Le sénéchal, Charles d'Anjou, beau-frère du roi, ne paraissait pas dans la province [7]; son lieutenant, Amaury d'Estissac, sans autorité, laissait toutes choses à la dérive. Au lieu d'être groupés pour une action commune, les seigneurs du pays ne songeaient qu'à leur défense ou à leur accroissement. Dans ce désordre, Jean de la Roche s'était fait son aubaine, avait occupé le château de Saint-Exupéry près Ussel, appartenant à son allié d'Auberoche, le vicomte de Turenne. Il y avait établi un de ses lieutenants, nommé Jean de

---

[1] Cosneau, p. 192.

[2] Aucor et Mareuil, arrondissement de Nontron ; Dome, arrondissement de Sarlat.

[3] Oudet de la Rivière commandait à Courbefy, Jacques de Pons à Larche.

[4] Ussel et Meymac furent assiégés pendant deux mois. Les environs de Limoges furent aussi visités par Rodrigue ; Quicherat, p. 114, 115, 271 ; Bonaventure de Saint-Amable, p. 701.

[5] Ce fait, resté inconnu à Quicherat, résulte d'une pièce de mes archives.

[6] *Les États provinciaux de la France centrale sous Charles VII*, par A. Thomas, t. II, p. 66 et s. (Paris, 1879).

[7] Le 26 octobre 1435, les États du Haut-Limousin lui votent la somme de 2,000 l. t. « à lui ordonnée estre baillée, afin qu'il soit plus enclin et ait les afferes dud. pays plus pour recommandez. » Thomas, II, 63.

Laporte, ancien compagnon de Rodrigue de Villandrado, routier consommé qui ne respirait que la guerre, et fut au cours de sa vie neuf fois prisonnier [1]. Jean de Laporte faisait beaucoup de mal même au delà de son voisinage [2]. Les États du Haut-Limousin, alarmés du trouble général de la province, décidèrent de députer Amaury d'Estissac et l'évêque de Limoges vers le sénéchal de Poitou pour négocier la « vuidance » de Saint-Exupéry et l'inviter en même temps à tourner ses armes contre les Anglais et à leur reprendre par la force Aucor, Mareuil et Dome [3]. Jean de la Roche écouta ces ouvertures, consentit, moyennant finances, à mettre d'abord le siège devant Aucor, s'entendit avec le vicomte de Limoges à ce sujet. Jean de Bretagne lui paya « du sien » sept cents livres pour les premiers frais [4]. La place fut en effet enlevée aux Anglais. Le résultat fut moins heureux pour Mareuil. Le vicomte et le sénéchal y conduisirent leurs troupes, posèrent une bastille, mais les assiégés tinrent ferme. De leur côté, les États du Bas-Limousin s'étaient réunis, avaient voté des subsides pour la délivrance de Dome et de Saint-Exupéry. Le vicomte de Turenne traita avec Jean de la Roche pour Saint-Exupéry, il en coûta trois mille livres qui furent prises sur l'allocation des États [5].

La guerre se poursuivait. Le 4 mars 1437, Jean de Bretagne acheta du duc d'Orléans le comté de Périgord, moyennant 16,000 réaux d'or en espèces et 10,000 florins en compensation de

---

[1] C'est à propos de ces faits que Quicherat, p. 115, a écrit : « Le sénéchal de Poitou, Jean de la Roche, était surtout noté pour ses exploits de condottiere. Il avait été naguère aux gages du sire de la Tremoille, et rien ne prouve qu'il ne continuait pas à travailler pour ce maître.... Ses troupes, en effet, ne délivrèrent le Limousin que pour se substituer aux Anglais, comme si elles avaient eu mission de discréditer par leurs excès le gouvernement de ce Charles d'Anjou.... ennemi personnel du ministre déchu. Dans cette supposition, Rodrigue de Villandrado aurait joué, à l'extrémité du Limousin, le même rôle que le sénéchal de Poitou. » Ce jugement nous paraît forcé.

[2] Quicherat, p. 115 et 271, lettres de rémission du mois d'août 1447 en faveur de Jean de Laporte.

[3] Thomas, II, p. 64 et s.

[4] Thomas, II, p. 76.

[5] « Quittance de Pierre de Beaufort, vicomte de Turenne, du 4 nov. 1435, pour la somme de 3,000 livres à lui allouée par les États du Bas-Limousin, assemblés à Uzerche au mois d'août précédent, « pour avoir et recouvrer en « nostre main le chasteau de Saint-Exupéry estant aud. pays détenu par « Jehan de Laporte. » Quicherat, 115, d'après ms. fr. 22420, p. 32, Bibl. nat. — M. A. Thomas, II, 227, cite une quittance en tout identique à la précédente et empruntée à la même source, mais lui donne la date du 4 mars 1436. Jean de la Roche aurait-il touché 6,000 livres pour Saint-Exupéry ?

dette [1]. Cette acquisition ne pouvait que lui inspirer plus d'ardeur de terminer sa conquête. Nous pensons que le sénéchal de Poitou continua de l'assister, parce que l'année suivante nous le trouvons encore en sa compagnie. Jean de la Roche dut cependant faire une diversion. Au commencement de l'année 1438, il reçut commission du roi pour chasser de la Saintonge les troupes pillardes qui opprimaient cette province [2].

La forteresse de Dome, dite aussi de Comarque, était assiégée cette même année par Jean de Bretagne et ses alliés. Elle fut réduite au mois de novembre. Bertrand d'Abzac, qui y commandait, fut fait prisonnier avec son fils. Le roi attachait une grande importance à cette capture et voulait tirer une punition exemplaire de la félonie des d'Abzac, mais avant que le château et les prisonniers fussent remis en ses mains, un arrangement devait être fait avec les vainqueurs. Il fallait régler les frais du siège, avancés en grande partie par Jean de Bretagne et ses lieutenants, et puisque le roi réclamait les prisonniers, il était tenu d'indemniser ceux qui en perdaient ainsi la rançon. Le 21 novembre, Charles VII, étant à Blois, délégua l'évêque de Maillezais et autres conseillers pour passer une convention à ce sujet [3]. Les États du Haut et du Bas-Limousin furent convoqués pour voter les fonds nécessaires [4]. L'accord se fit et il coûta cher. Les commissaires s'entendirent avec Jean de Bretagne et le vicomte de Turenne pour eux et le bâtard de Pellevoisin et ses compagnons. Le bâtard avait eu la principale part à la prise du château et de ses défenseurs. Il lui fut promis 4,500 réaux d'or payables le jour de saint André (30 nov.) et 1,000 réaux à ses compagnons, mais comme le paiement fut ajourné plusieurs fois et qu'il gardait et entretenait la place en attendant, la somme fut portée à 5,850 réaux [5]. Jean de Bre-

---

[1] Les 10,000 florins avaient été prêtés à Louis d'Orléans pour faire le siège de Bourg, en 1406, par Olivier de Clisson, dont Jean de Bretagne était héritier. — Le comté de Périgord, confisqué sur les deux derniers comtes, avait été donné à Louis d'Orléans le 23 janvier 1400. Charles, fils de Louis, en fit don à son frère le bâtard, puis le lui retira et le fonda de procuration pour le vendre à Jean de Bretagne. Arch. des Basses-Pyrénées, E 643, 657.

[2] 24 février 1438, Jehan de la Roche, seigneur de Barbezieux, donne quittance de 1,000 livres à lui allouées pour oster les pilleries de Saintonge. Beaucourt, III, 197, d'après ms. Clairambault, 194, p. 7669, Bibl. nat.

[3] Thomas, II, 109; Arch. des Basses-Pyrénées, E 643.

[4] Thomas, II, 113.

[5] Les lettres du Roi données à Poitiers, le 13 février 1438 (v. s.), et portant

tagne et le vicomte de Turenne furent aussi satisfaits. Bertrand d'Abzac fut alors extrait de la prison de Montignac et mené à Limoges par Thibaut de Thenon, maître d'hôtel d'Olivier de Broon [1]. Le roi l'y attendait et lui fit trancher la tête le mercredi 11 mars. Détail de mœurs : le jour même de l'exécution, Charles VII fit don par lettres patentes à Marguerite de Chauvigny, femme de Jean de Bretagne, d'une belle Bible que Bertrand d'Abzac avait en la ville de Sarlat [2]. Le roi était à Limoges avec une nombreuse suite où se remarquaient le dauphin, le duc de Bourbon, les comtes du Maine et de Vendôme, le maréchal de la Fayette, l'amiral de Coëtivy, le bâtard d'Orléans, dont le moine qui a laissé un récit de la visite royale vante la beauté et l'aménité [3]. Jean de Bretagne et Jean de la Roche devaient rejoindre le roi, mais le vicomte ne voulut pas entrer dans sa ville, il y craignait peut-être mauvais accueil. Jean de la Roche arriva seul à Limoges la veille de l'exécution et suivit le roi le jour suivant à Saint-Léonard, où se trouva Jean de Bretagne, qui fut reçu à l'hommage du comté de Périgord.

Nous ne suivrons pas plus loin le vicomte de Limoges, dont Jean de la Roche paraît s'être séparé à ce moment ou bientôt après. La conquête du Périgord ne tarda pas à être complétée, elle prépara celle de la Guyenne, où Jean de Bretagne devait briller encore d'un plus vif éclat [4]. « La conquête du Périgord,

ratification de ces conventions, existent aux archives des Basses-Pyrénées, E 643.

[1] Arch. des Basses-Pyrénées, E 657. Dép. de Jehan Ribière, laboureur. — Olivier de Broon, qui tient une place dans l'histoire du temps, participa à l'expédition de Périgord. Il tenait garnison à Saint-Vincent, non loin d'Auberoche, avec cent arbalétriers Dép. de J. La Servantie.

[2] J'ai publié ces lettres dans mes *Archives historiques de la Corrèze*, pièce LXI.

[3] Récit du séjour de Charles VII à Limoges en 1438 (v. s) par un moine de Saint-Martial. *Chronique de Saint-Martial de Limoges*, par Duplès-Agier, p. 202 et s. Publié dans plusieurs autres recueils. La date de l'exécution de B. d'Abzac et du départ du roi y est mal donnée. L'exécution eut lieu le mercredi 11 mars et le roi quitta Limoges le jour même, après dîner. — Le bâtard d'Orléans ne s'appelait pas encore Dunois. C'est dans le cours de cette année 1439 que son frère lui donna le comté de Dunois, dont il se titra. On dira toujours Dunois et Jeanne d'Arc, mais c'est une manière d'anachronisme. La Pucelle n'a connu que le bâtard d'Orléans.

[4] L'*Histoire de la conquête de la Guyenne par les Français, de ses antécédents et de ses suites*, par M. Ribadieu (Bordeaux, 1866), tout comme l'*Histoire du Périgord*, de M. Dessalles, est muette sur ces précédents de la grande expédition de 1450-1453. Jean de Bretagne et le vicomte de Turenne apparaissent tardivement dans l'ouvrage de M. Ribadieu; Jean de la Roche, Mareuil, Vilhac, Beauchamp, n'y sont pas même nommés.

dit un des témoins de notre enquête, cousta plus de 40,000 livres au comte Jehan et le Roy ne l'eust pas faite pour 100,000, et sans Monseigneur le pays seroit encore anglois et le Roy ne fust jamais venu en Guyenne [1]. » Un autre ajoute : « La prise d'Auberoche et autres places et les dépenses de monseigneur furent cause de la réduction du pays. Le comte Jehan estoit très bon françois et aimoit fort la chose publique [2]. » Jean de la Roche mérite une part dans ces éloges [3].

Mais la fidélité du capitaine de routiers n'était pas à l'abri d'une nouvelle défaillance. Avant la fin de cette année qui l'avait vu figurer dans le cortège des serviteurs les plus dévoués de Charles VII, il était entraîné par son ami La Trémoille dans la ligue de la Praguerie. Les ducs de Bourbon et d'Alençon, les comtes de Vendôme et de Dunois (on s'étonne de trouver celui-ci dans une si misérable aventure, mais il s'en retira promptement), La Trémoille, Chabannes et autres ambitieux, osèrent se conjurer contre le roi à cause des sages réformes qu'il venait d'introduire dans l'armée et l'administration. Ils rallièrent sans difficulté à leur complot le dauphin, mécontent et mauvais fils, en lui promettant la régence. Jean de la Roche eut un des principaux rôles dans l'exécution et c'est par son influence que la noblesse de Poitou suivit ce mouvement, à ce que rapporte Mézeray [4]. L'entreprise débuta en effet en Poitou. Le duc d'Alençon et Jean de la Roche s'emparèrent de Melle [5]. Informés de la marche du roi vers le Poitou, ils se résolurent à faire appel aux Anglais. Le comte de Hundington fut par eux requis de les secourir, mais il leur demanda des garanties qu'ils ne pouvaient fournir, et cette honteuse démarche resta sans effet [6]. Gruel

---

[1] Dép. de Jean de Las Johannas.
[2] Dép. de Nicolas Deyeures.
[3] Le P. Anselme, *loc. cit.*, parle de services rendus par Jean de la Roche à la défense de la ville de Bourg. J'ignore à quelle circonstance et à quelle localité il est fait allusion. Qu'il s'agisse de Bourg en Bresse, de Bourg-sur-Gironde ou autres lieux moins importants, je ne trouve, au temps où vivait Jean de la Roche, aucun fait qui justifie cette mention. — Peut-être y a-t-il, là encore, une confusion avec Jean de la Rochefoucauld, gendre de Jean de la Roche, qui marqua dans les guerres de Guyenne, mais beaucoup plus tard.
[4] *Histoire de France*, t. II, p. 629, éd. de 1685.
[5] Beaucourt, III, 123; Cosneau, p. 306.
[6] « Envoyèrent [le duc et Jean de la Roche] requérir le comte de Honenton à leur secours, lequel ne voulut venir s'ils ne lui bailloient places en Poitou, et ils n'avoient que Niort et Berteuil. » Mémoire du fonds Doat, Bibl. nat.; Beaucourt, III, 128.

assure cependant que Jean de la Roche avait des Anglais dans sa troupe. Les rebelles se portèrent ensuite sur Saint-Maixent. Jean de la Roche se saisit du château en subornant celui qui en avait la garde [1]. L'abbaye et une partie de la ville résistèrent, et les religieux et les habitants envoyèrent en toute hâte prévenir le roi qui était arrivé à Poitiers. C'était le 3 avril, dimanche de Quasimodo. Charles VII reçut la nouvelle au sortir de la messe. Il fit partir aussitôt avec des forces l'amiral de Coëtivy, André de Laval et Pierre de Brézé; puis, prenant à peine le temps de dîner, il se mit lui-même en route et arriva devant Saint-Maixent à sept heures du soir. Il coucha dans la ville, et le lendemain attaqua le château. Mais le duc d'Alençon et Jean de la Roche, redoutant le succès et la colère du roi, s'étaient enfuis nuitamment, sous le prétexte d'aller prendre conseil et secours. La garnison, privée de ses chefs, se rendit au bout de quelques jours. Le roi accorda la vie sauve aux gens du duc d'Alençon qu'il tenait encore à ménager « et eurent ceulx qui estoient o (avec) Jehan de la Roche les testes tranchées [2]. » Celui-ci s'était retiré à Niort, où il « avait avecques luy des Angloys, » d'après Gruel [3].

Pierre de Brézé, seigneur de la Varenne, le futur grand sénéchal de Normandie, marchant, le 3 avril 1440, contre Jean de la Roche, est qualifié par plusieurs historiens sénéchal de Poitou [4]. Il est vraisemblable que le roi s'empressa de destituer

---

[1] C'était un nommé Friquet, qui était au service de la dame de la Roche, logée à Saint-Maixent par ordonnance du Roi. Les soldats entrés au château pillèrent les biens de cette dame. Elle n'avait de commun que le nom avec le capitaine. Perrette de la Rivière, dame de la Roche-Guyon, se fit connaître par son dévouement à la cause française. Le Roi lui donna bientôt après la seigneurie de Saint-Maixent. *Chronique de J. Chartier*, éd. Vallet de Viriville, t. II, p. 254; *Chroniques de France*, par Nicolle Gilles, f° 462, éd. de Paris, 1600; art. La Rivière, par Vallet de Viriville, dans la *Nouvelle Biographie générale*; cf. Cosneau, 307, n.

[2] Gruel, cf. Beaucourt, III, 124; Cosneau, p. 307. — On trouve cependant que le Roi accorda des lettres de rémission à quelques gens de guerre compromis dans la rébellion de Jean de la Roche. V. Tuetey, *Les Écorcheurs sous Charles VII*, passim (Montbéliard, 1874).

[3] Gruel, cf. Cosneau, p. 306. Cet auteur renvoie aussi, pour ce même renseignement, à Monstrelet, sans indication plus précise. Je n'ai pas retrouvé le passage.

[4] Pierre de Brézé est qualifié, dans cette circonstance, sénéchal de Poitou par Jean de Serres et le P. Daniel. Belleforest, à la même occasion, le nomme « le seigneur de la Varenne, sénéchal d'Anjou et de Poitou. » Jean de Serres, t. I, p. 225, éd. de Rouen, 1660; Daniel, t. II, col. 1141, éd. de Paris, 1713;

et de remplacer le sénéchal félon, dès qu'il connut sa révolte.
C'est ainsi qu'il fut fait, par lettres du 28 mars, à Poitiers, à l'égard de Jacques de Chabannes, sénéchal de Toulouse [1]. Cependant M. Vallet de Viriville énonce que Pierre de Brézé fut
pourvu de l'office de sénéchal de Poitou par lettres royales du
12 mai 1441 [2]. Nous n'osons contredire, sans preuve formelle,
une affirmation si précise. Elle soulève pourtant de fortes objections. Comment admettre que Jean de la Roche, plus compromis,
ait été traité plus favorablement, et que le roi ait attendu plus
d'un an pour le remplacer dans sa charge? D'autre part, on
trouve dans les manuscrits de Dom Fonteneau un acte de Pierre
de Brézé, comme sénéchal de Poitou, à la date du 3 février
1440 (1441, nouveau style) [3]. Quoi qu'il en soit, les dates
extrêmes de l'exercice de Jean de la Roche comme sénéchal de
Poitou, sur lesquelles les historiens ont beaucoup varié [4], sont
désormais fixées, au moins très approximativement : 1431 à
1441 au plus tard.

La Praguerie ne fut qu'un feu de paille. Charles VII l'éteignit
promptement. Nous ignorons si Jean de la Roche ressentit la
disgrâce du roi autrement que par la perte de sa fonction de
sénéchal. Peut-être échappa-t-il par la mort à une répression plus
sévère. Le P. Anselme rapporte, en effet, que le 14 août 1439 il
avait fait son testament, par lequel il ordonnait sa sépulture
dans l'aumônerie de Verteuil [5], et l'*Histoire du Poitou* place son
décès en 1440, aux termes d'une épitaphe citée par un auteur
qui n'est pas désigné [6].

Belleforest, t. II, fol. 1139. — Par contre, Jean Bouchet, *Annales d'Aquitaine*,
p. 254, éd. de 1644, et l'*Histoire de Languedoc*, t. IV, p. 494, conservent à Jean
de la Roche, pendant la Praguerie, le titre de sénéchal de Poitou.

[1] *Histoire de Languedoc*, IV, 150.
[2] Art. Brézé dans la *Biographie générale*.
[3] « 1440-1441, 3 février. Appointement de Pierre de Brézé, sénéchal de Poitou, donné sur une complainte d'un abbé de la Trinité de Mauléon..., t. XVII, p. 27. » Tables de Fonteneau, 337.
[4] Dans l'*Histoire du Poitou*, III, 437, Thibeaudeau porte Jean de la Roche comme sénéchal en 1455; M. Filleau, dans une seconde liste, p. 549, donne les dates de 1433, 1436; d'autres listes des manuscrits de Dom Fonteneau le placent de 1440 à 1445, ou de 1445 à 1449.
[5] *Histoire des grands officiers de la couronne*, IV, 448.
[6] Voici le passage en question : « Roche (Jean de la), écuyer d'écurie du Roi, était, d'après les recherches de D. Fonteneau, grand sénéchal de Poitou le 27 avril 1433 et en 1436. Thibaudeau le met sous la date de 1455. D'après l'*Histoire de Touraine*, il était non seulement seigneur de Barbezieux, mais

Quelque temps après la mort de Jean de la Roche, on ne se souvenait plus que des brillants services qu'il avait rendus à la cause de l'affranchissement national. Octavien de Saint-Gelais, conduit par *Sensualité* dans la forêt d'Aventures, où se voyaient les sépultures et les ombres des grands personnages du temps passé, fait mémoire de Jean de la Roche en ces termes :

> Homme excellent, du pays d'Angoulmoys,
> Vray chief de guerre et noble capitaine,
> Qui les Angloys, maint jour, mainte sepmaine,
> A mis en fuyte et yceulx desconfis....
> Loyal Françoys, chevalier sans reproche [1]....

aussi de Verteuil ; il rendit de grands services à Charles VII contre les Anglais et soutint la guerre contre eux à ses propres dépens. Il mourut, d'après une épitaphe rapportée par cet auteur, en 1440. » — L'indication n'est pas très claire. Quel est l'auteur qui rapporte l'épitaphe de Jean de la Roche ? Le catalogue imprimé des mss. de D. Fonteneau ne comprend que les tomes I à XXVII. La suite, tomes XXVIII à LXXXVII, annoncée dès 1839, n'a pas encore été publiée, par suite de la plus regrettable incurie. Des recherches laborieuses et difficiles, mais forcément incomplètes, faites par une obligeante entremise dans les mss. non catalogués, n'ont amené aucun résultat. Quant à l'*Histoire de Touraine*, à ma connaissance, il n'existe sous ce titre que l'ouvrage de Chalmel (Paris, 1828, 4 tomes in-8). Je n'y ai rien trouvé sur Jean de la Roche.

[1] *Le Séjour d'honneur* (composé vers 1490), Paris, 1519. Gouget, *Bibliothèque française*, t. X, p. 270.

www.ingramcontent.com/pod-product-compliance
Lightning Source LLC
Chambersburg PA
CBHW060619050426
42451CB00012B/2338